사랑하는 _____ 님께

출간 25주년 기념
접시꽃 당신

2011년 5월 30일 1판 1쇄 펴냄
2025년 9월 20일 1판 13쇄 펴냄

지은이	도종환
펴낸이	윤한룡
편집	신한선
디자인	윤려하
관리·영업	이소연

펴낸곳	(주)실천문학
등록	10-1221호(1995.10.26.)
주소	남양주시 퇴계원읍 퇴계원로 52 405호
전화	322-2161~3
팩스	322-2166
홈페이지	www.silcheon.com

ⓒ 도종환, 1986

ISBN 978-89-392-0657-1 03810

이 책 내용의 전부 또는 일부를 재사용하려면
반드시 지은이와 실천문학사 양측의 동의를 받아야 합니다.

이 도서의 국립중앙도서관 출판시도서목록(CIP)은 e-CIP 홈페이지(http://www.nl.go.kr/ecip) 에서 이용하실 수 있습니다.
(CIP제어번호: CIP2011002052)

접시꽃 당신

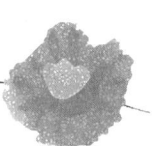

도종환 시집

실천문학사

 차례

제1부 ● 접시꽃 당신

접시꽃 당신 __ 13

병실에서 __ 16

암병동 __ 18

옥수수밭 옆에 당신을 묻고 __ 20

당신의 무덤가에 __ 21

섬 __ 22

오월 편지 __ 24

유월이 오면 __ 26

저무는 강 등불 곁에서 __ 28

그대 가는 길 __ 30

저만큼 __ 32

꽃씨를 거두며 __ 33

제2부 ● 인차리

초겨울 __ 37

겨울 일요일 __ 38

인차리 1 __ 39

인차리 2 __ 40

인차리 3 _ 41

인차리 4 _ 43

인차리 5 _ 44

인차리 6 _ 45

인차리 7 _ 46

우산 _ 48

봄은 오는데 _ 49

사랑방 아주머니 _ 50

쑥국새 _ 52

씀바귀 무덤 _ 53

감꽃 _ 54

세월 _ 55

천둥소리 _ 56

당신과 나의 나무 한 그루 _ 58

구름처럼 만나고 헤어진 많은 사람 중에 _ 60

영원히 사랑한다는 것은 _ 61

제3부 ● 작하니의 봄

저녁기도 _ 67

당신의 부활 _ 68

아홉 가지 기도 _70

옥천에 와서 _72

적하리의 봄 _74

묵도 _76

유산 _79

감잎 _80

봉숭아 _81

가을 저녁 _82

저 가을 구름 바람 위로 _83

시월비 _84

당신이 떠난 뒤로는 _85

사랑의 길 _87

그대 떠난 빈자리에 _88

달맞이꽃 _90

하나의 과일이 익을 때까지 _93

접시꽃 꽃씨를 묻으며 _95

제4부 ❀ 마늘밭에서

마늘밭에서 _99

장다리꽃 _100

눈을 쓸면서 _101

화랑에서 _104

수몰민 김시천 _106

너의 피리 _108

어떤 연인들 _110

씀바귀 _112

다시 부르는 기전사가 _115

행주치마 _117

앉은뱅이 민들레 _118

서리아침 _120

미리내 _122

스승의 기도 _124

돌아온 아이와 함께 _126

목감기 _129

김 선생의 분재 _130

채마밭에 서서 _131

답장을 쓰며 _134

초판 시인의 말 _137

제1부

접시꽃 당신

접시꽃 당신

옥수수잎에 빗방울이 나립니다
오늘도 또 하루를 살았습니다
낙엽이 지고 찬바람이 부는 때까지
우리에게 남아 있는 날들은
참으로 짧습니다
아침이면 머리맡에 흔적 없이 빠진 머리칼이 쌓이듯
생명은 당신의 몸을 우수수 빠져나갑니다
씨앗들도 열매로 크기엔
아직 많은 날을 기다려야 하고
당신과 내가 갈아엎어야 할
저 많은 묵정밭은 그대로 남았는데
논두렁을 덮는 망촛대와 잡풀가에
넋을 놓고 한참을 앉았다 일어섭니다
마음 놓고 큰 약 한번 써보기를 주저하며
남루한 살림의 한구석을 같이 꾸려오는 동안
당신은 벌레 한 마리 함부로 죽일 줄 모르고
악한 얼굴 한번 짓지 않으며 살려 했습니다

그러나 당신과 내가 함께 받아들여야 할
남은 하루하루의 하늘은
끝없이 밀려오는 가득한 먹장구름입니다
처음엔 접시꽃 같은 당신을 생각하며
무너지는 담벼락을 껴안은 듯
주체할 수 없는 신열로 떨려왔습니다
그러나 이것이 우리에게 최선의 삶을
살아온 날처럼, 부끄럼 없이 살아가야 한다는
마지막 말씀으로 받아들여야 함을 압니다
우리가 버리지 못했던
보잘것없는 눈높음과 영욕까지도
이제는 스스럼없이 버리고
내 마음의 모두를 더욱 아리고 슬픈 사람에게
줄 수 있는 날들이 짧아진 것을 아파해야 합니다
남은 날은 참으로 짧지만
남겨진 하루하루를 마지막 날인 듯 살 수 있는 길은
우리가 곪고 썩은 상처의 가운데에

있는 힘을 다해 맞서는 길입니다
보다 큰 아픔을 껴안고 죽어가는 사람들이
우리 주위엔 언제나 많은데
나 하나 육신의 절망과 질병으로 쓰러져야 하는 것이
가슴 아픈 일임을 생각해야 합니다
콩댐한 장판같이 바래어가는 노랑꽃 핀 얼굴 보며
이것이 차마 입에 떠올릴 수 있는 말은 아니지만
마지막 성한 몸뚱어리 어느 곳 있다면
그것조차 끼워 넣어야 살아갈 수 있는 사람에게
뿌듯이 주고 갑시다
기꺼이 살의 어느 부분도 떼어주고 가는 삶을
나도 살다가 가고 싶습니다
옥수수잎을 때리는 빗소리가 굵어집니다
이제 또 한 번의 저무는 밤을 어둠 속에서 지우지만
이 어둠이 다하고 새로운 새벽이 오는 순간까지
나는 당신의 손을 잡고 당신 곁에 영원히 있습니다

병실에서

아내의 피는 빠져 어디로 가는 걸까
몸은 불꽃으로 감겨 오르는데
얼음조각처럼 색깔을 잃어가는 아내의 낯빛은
모든 것을 아낌없이 버리고 있다는 것일까
모든 것을 청결히 받아들이고 있다는 것일까
안과 밖의 가늠할 수 없는 끈을 쥔 채
한 톨씩 몰래몰래 피를 빼내어
가슴 어두운 곳에 딱딱한 성채를 쌓아가는
저것들은 무엇일까
우리들의 내부에 모르게 자라오르는
우리들 한평생의 삶을 파먹으며 독을 키워가는
정녕 우리의 뜻이 아닌 저 빨판들은 무엇일까
눈에 보이는 빼앗김보다
눈에 보이지 않는 빼앗김으로
우리들은 더 많은 것을 잃어가고 있는데
아내의 몸에서 피는 빠져 어디로 가는 걸까
몸은 싸움으로 불덩이가 되었는데

살들은 흔적 모르게 어디론가 끌려가고 없어

암병동

희망이 있는 싸움은 행복하여라
믿음이 있는 싸움은 행복하여라
온세상이 암울한 어둠뿐일 때도
우리들은 온몸 던져 싸우거늘
희망이 있는 싸움은 진실로 행복하여라
참답게 산다는 것은
참답게 싸운다는 것
싸운다는 것은 지킨다는 것
빼앗기지 않고 되찾겠다는 것
생명과 양심과 믿음을 이야기할 때도 그러하고
정의와 자유와 진실을 이야기할 때도 그러하니
밀물처럼 달려오는 죽음의 말발굽 소리와
위압의 츱츱한 칼바람에 맞서
끝끝내 물러서지 않는 것도
우리들의 싸움이 지켜야 하는 싸움이기 때문
빼앗기지 않기 위하여
잃어버리지 않기 위하여

싸우는 싸움이기 때문

그러한 이유로 우리가 살아 있고

살아 있어야 하므로

우리가 싸우는 때문

참답게 싸운다는 것이

참답게 산다는 것이기 때문

희망을 가진 싸움은 얼마나 행복하랴

앞길 전혀 보이지 않는 어둠일 때도

우리들은 암흑과 싸우거늘

빛이 보이는 싸움은 얼마나 행복하랴

새벽을 믿는 싸움은 얼마나 행복하랴

옥수수밭 옆에 당신을 묻고

견우직녀도 이 날만은 만나게 하는 칠석날
나는 당신을 땅에 묻고 돌아오네
안개꽃 몇 송이 함께 묻고 돌아오네
살아평생 당신께 옷 한 벌 못 해주고
당신 죽어 처음으로 베옷 한 벌 해 입혔네
당신 손수 베틀로 짠 옷가지 몇 벌 이웃께 나눠주고
옥수수밭 옆에 당신을 묻고 돌아오네
은하 건너 구름 건너 한 해 한 번 만나게 하는 이 밤
은핫물 동쪽 서쪽 그 멀고 먼 거리가
하늘과 땅의 거리인 걸 알게 하네
당신 나중 흙이 되고 내가 훗날 바람 되어
다시 만나지는 길임을 알게 하네
내 남아 밭 갈고 씨 뿌리고 땀 흘리며 살아야
한 해 한 번 당신 만나는 길임을 알게 하네

당신의 무덤가에

당신의 무덤가에 패랭이꽃 두고 오면
당신은 구름으로 시루봉 넘어 날 따라오고
당신의 무덤 앞에 소지 한 장 올리고 오면
당신은 초저녁별을 들고 내 뒤를 따라오고
당신의 무덤가에 노래 한 줄 남기고 오면
당신은 풀벌레 울음으로 문간까지 따라오고
당신의 무덤 위에 눈물 한 올 던지고 오면
당신은 빗줄기 되어 속살에 젖어오네

섬

당신이 물결이었을 때 나는 언덕이라 했다
당신이 뭍으로 부는 따스한 바람이고자 했을 때
나는 까마득히 멈추어 선 벼랑이라 했다
어느 때 숨죽인 물살로 다가와
말없는 바위를 몰래몰래 건드려보기도 하다가
다만 용서하면서 되돌아갔었노라 했다
언덕뿐인 뒷모습을 바라보며 당신은 살았다 했다
당신의 가슴앓이가 퍼리하게 살갗에 배 나올 때까지도
나는 깊어가는 당신의 병을 눈치채지 못하였고
어느 날 당신이 견딜 수 없는 파도를 토해 내 등을 때리고
한없이 쓰러지며 밀려가는 썰물이 되었을 때
놀란 얼굴로 내가 뒤돌아보았을 때
당신은 영영 돌아오지 못할 거리로 떠내려가 있었다
단 한 번의 큰 파도로 나는 걷잡을 수 없이 무너져
당신을 따라가다 따라가다
그만 빈 갯벌이 되어 눕고 말았다

쓸쓸한 이 바다에도 다시 겨울이 오고 물살이 치고
돌아오지 못한 채 멈추어 선 나를
세월은 오래도록 가두어놓고 있었다

오월 편지

붓꽃이 핀 교정에서 편지를 씁니다
당신이 떠나고 없는 하루 이틀은 한 달 두 달처럼 긴데
당신으로 인해 비어 있는 자리마다 깊디깊은 침묵이 앉습니다
낮에도 뻐꾸기 울고 찔레가 피는 오월입니다
당신 있는 그곳에도 봄이면 꽃이 핍니까
꽃이 지고 필 때마다 당신을 생각합니다
어둠 속에서 하얗게 반짝이며 찔레가 피는 철이면
더욱 당신이 보고 싶습니다
사랑하는 사람을 잃은 사람은 다 그러하겠지만
오월에 사랑하는 사람을 잃은 이가 많은 이 땅에선
찔레 하나가 피는 일도 예사롭지 않습니다
이 세상 많은 이들 가운데 한 사람을 사랑하여
오래도록 서로 깊이 사랑하는 일은 아름다운 일입니다
그 생각을 하며 하늘을 보면 꼭 가슴이 메입니다
얼마나 많은 이들이 서로 영원히 사랑하지 못하고
너무도 아프게 헤어져 울며 평생을 사는지 아는 까닭에

소리 내어 말하지 못하고 오늘처럼 꽃잎에 편지를 씁니다

소리 없이 흔들리는 붓꽃잎처럼 마음도 늘 그렇게 흔들려

오는 이 가는 이 눈치에 채이지 않게 또 하루를 보내고

돌아서는 저녁이면 저미는 가슴 빈자리로 바람이 가득가득 몰려옵니다

뜨거우면서도 그렇게 여린 데가 많던 당신의 마음도

이런 저녁이면 바람을 몰고 가끔씩 이 땅을 다녀갑니까

저무는 하늘 낮달처럼 내게 와 머물다 소리 없이 돌아가는

사랑하는 사람이여

유월이 오면

아무도 오지 않는 산속에 바람과 뻐꾸기만 웁니다
바람과 뻐꾸기 소리로 감자꽃만 피어납니다
이곳에 오면 수만 마디의 말들은 모두 사라지고
사랑한다는 오직 그 한 마디만 깃발처럼 나를 흔듭니다
세상에 서로 헤어져 사는 많은 이들이 있지만
정녕 우리를 아프게 하는 것은 이별이 아니라 그리움입니다
남북산천을 따라 밀이삭 마늘잎새를 말리며
흔들릴 때마다 하나씩 되살아나는 바람의 그리움입니다
당신을 두고 나 혼자 누리는 기쁨과 즐거움은 모두 쓸데없는 일입니다
떠오르는 아침 햇살도 혼자 보고 있으면
사위는 저녁노을 그림자에 지나지 않습니다
내 사는 동안 온갖 것 다 이룩된다 해도 그것은 반쪼가리일 뿐입니다
살아가며 내가 받는 웃음과 느꺼움도

가슴 반쪽은 늘 비워둔 반평생의 것일 뿐입니다
그 반쪽은 늘 당신의 몫입니다
빗줄기를 보내 감자순을 아름다운 꽃으로 닦아내는
그리운 당신 눈물의 몫입니다
당신을 다시 만나지 않고는 내 삶은 완성되어지지 않습니다
당신을 다시 만나야 합니다
살아서든 죽어서든 꼭 다시 당신을 만나야만 합니다

저무는 강 등불 곁에서

며칠째 비가 뿌리고 깨꽃이 무수히 졌습니다
간간이 트이는 구름 새로 낮달이 뜨고
탱자나무 울 너머 간혹 맑은 노을이 걸리는 저녁
옥수수밭에 나가 소리 없이 불러보는
당신은 더욱 멀리 있습니다
수런대며 발 밑에 모이는 풀잎에 귀 기울여도 보고
몇 개의 나무 그림자를 안고 저무는 강물로 흐르기도 하고
무거운 몸 끌고 서쪽으로 지는 구름 따라가보기도 하였으나
당신이 물러서는 발짝만큼
나는 당신을 쫓아가지 못하였습니다
그늘진 곳에서 반딧불만 한 등을 켜고 모이는 사람들과
비가 그치고 바람이 멎는 날에 대해서 이야기하는 밤
하나씩 둘씩 마을의 등불은 이울고
뻐꾹새 소리만 잠든 마을을 씁니다
강 건너 별빛처럼 살아서 가물대는 불을 켜고

당신이 이 세상 어딘가를 홀로 비추고 다니리란 생각을 하며
메밀꽃 같은 별이 뜨는 밤을 그려봅니다
언젠가 떠나간 것들을 다시 만나는 때가 있겠지요
우리가 장맛비에 젖고 칠흑 같은 어둠 끝없이 밀려와도
흐르고 흘러 한군데로 모이는 그런 저녁은 있겠지요
흐름의 끝에서 다시 처음이 되는 말없는 강물 곁으로
모두들 하나씩 등불을 들고 모여드는
그런 밤은 정녕 있을 겁니다

그대 가는 길

잠시 고여 있다 가게

나고 이우는 한평생 흔들리다 갔어도
저무는 강 풀잎처럼 흔들리다 갔어도
바람의 꺼풀 벗겨 풀잎이 만든 이슬처럼
어디 한 곳쯤은 고여 있다 가게

귀 기울였다 가게
이 넓은 세상
뿌리내리진 못했어도
씨앗 하나 이 땅 위에
쓸쓸히 떨어지는 소리
한 번쯤은 듣다가도 가게

조금은 가파른 상공을
스쳐가고 만 우리들
아늑한 뜨락을 만들 순 없었어도

끝없는 벌판이 되어 흩어지고 만 우리들
아늑한 잠자리 하나 만들 순 없었어도

잠시 걸음을 멈추었다 가게
버들 뜬 물이라도 한 모금 마시고 가게

끓어오르던 온몸의 피 바람에 삭이다
낮은 하늘에서도 살얼음 어는 소리 들리고
하늘 가는 먼 길 중에 몸도 뜻도 둘 곳이 없어지면
빗방울로 한 번쯤 더 떨어지다 가게

저만큼

 남산 소월 시비 아래서 파리한 당신과 함께 산유화를 읽었지 이것이 이 세상 당신과의 마지막 여행이 될지도 모른다고 나는 쓸쓸히 당신의 손을 잡아 손가락으로 한 소절씩 쉬어 짚으며 저만큼 하고 읽어갔지 햇살은 우리의 저만큼 위에 희미하게 떨어져 쌓이고 소월로 시비 아래 갈꽃이 사위기 전 당신은 저만큼의 거리 위에 뭉게뭉게 무너져 흩어지고 넓디넓은 세상에 나 혼자 남아 하늘과 땅의 거리만 늘리어가고 있지

꽃씨를 거두며

언제나 먼저 지는 몇 개의 꽃들이 있습니다 아주 작은 이슬과 바람에도 서슴없이 잎을 던지는 뒤를 따라 지는 꽃들은 그들을 알고 있습니다 아이들과 함께 꽃씨를 거두며 사랑한다는 일은 책임지는 일임을 생각합니다 사랑한다는 일은 기쁨과 고통, 아름다움과 시듦, 화해로움과 쓸쓸함 그리고 삶과 죽음까지를 책임지는 일이어야 함을 압니다 시드는 꽃밭 그늘에서 아이들과 함께 꽃씨를 거두어 주먹에 쥐며 이제 기나긴 싸움은 다시 시작되었다고 나는 믿고 있습니다 아무것도 끝나지 않았고 삶에서 죽음까지를 책임지는 것이 남아 있는 우리들의 사랑임을 압니다 꽃에 대한 씨앗의 사랑임을 압니다

제 2 부

인차리

초겨울

올해도 갈참나무 잎 산비알에 우수수 떨어지고

올해도 꽃 진 들에 억새풀 가을 겨울 흔들리고

올해도 살얼음 어는 강가 새들은 가고 없는데

구름 사이에 별이 뜨듯 나는 쓸쓸히 살아 있구나

겨울 일요일

진눈깨비가 별빛을 끄을고 내려와 무너진다
반짝이던 모든 것들도 땅으로 사붓사붓 내리고
하늘은 더욱 어두웠다
말을 배우기 시작하는 아이에게 눈이라 가르친다
술에 취한 채 성당엘 나가신 아버지를 생각한다
용서하라 용서하라고 진눈깨비가 내린다
이 땅에 내려 아주 짧은 동안 빛깔을 간직하다
흔적도 없이 사라지는 눈들을 바라본다
창밖으로 구을며 용서하라 용서하라고 바람도 밤을 새운다

인차리 1

돌아가라 돌아가라고 바람이 분다
우리 사는 한평생 눈물겹게 사랑하여
아름다운 꽃잎 몇 개 피우기도 하고
끌어안는 것마다 싱싱한 풀잎 되어
뼈마디 가슴 가득 죄어오는 날도 있으리라
새 떼보다 높은 하늘로 날아오르기도 하고
더욱 어두운 곳으로 낙엽처럼 뿔뿔이 흩어지기도 하리라
그 위에 진눈깨비 오래도록 때리는 날도 있으리라
그렇게 살다 돌아가라 돌아가라고
네 마음 순한 자리 돌아가라고
바람이 분다

인차리 2

이 세상
마음 놓고 이름을 불러나 보기로도
이 산속이 제일 좋아
비 젖고
숫눈 쌓인 무덤가에
앉았노라면
바스스 바스스 묵은 갈잎 밟으며
누군가 오는 소리
가까운 곳에
무명치마 끌리는 소리
눈 들어 올려보면
소나무 등걸 위에
날다람쥐 한 마리
구름 아래로 떨어지는 솔잎
먼 곳으로 가는
바람 몇 줄기

인차리 3

등불 흐리게 돋아 오른 당신의 창 향해
떠나가는 배나 옛 노래 따위를 부르면
노랫소리 끝으로 부엌문 안쪽이 열리며
당신이 강둑으로 포롱포롱 달려오던 때나
기다림으로 잠 안 오는 밤
별 하나 섬돌 위에 뚝 떨어져 구를 듯
잔돌 하나 창밖에
몰래 소리를 내며 떨어져
당신의 손짓 쪽으로 나를 불러내가던 때처럼
당신 있는 이곳으로 올 때면
내가 노랫소리나 발자국 소리로
당신을 불러내러 오는 건 아닌가 하는 생각이 드오
바람에 쏠리는 풀잎처럼 발자국 소리 귀 기울이며
모두 듣고 있는 건 아닌가 생각도 드오
홀로 남아 있음으로 해서 아직도 내가 당신 창 향해
노래를 부르고 또 부르는 것이오
그 소리 다 들어 알면서도 내색할 수 없어

걸어온 능선의 잎 지고 눈 쌓인 풍경
되감아 말며 돌아오는 발걸음 따라와선
밤새 문풍지를 흔들거나
감나무 밑을 서성이기도 하다가
새벽이면 도로 가서
그저 말없이 또 한세월을 떠안고
누워 있는 건 아닌가 하는 생각 말이오

인차리 4

벌판 한가운데 서면 소리들이 달려온다
심줄처럼 솟은 논두렁길로 줄지어 눈이 쌓이고
살아 움직이는 것은 아무것도 없는데
울음소리들이 뚝뚝 내게 떨어진다
머리채를 풀어 던지고 쓰러져 누운
산맥을 향해 겨울벌판 질러가며
사랑한다 사랑한다던 말을 생각한다
시린 내 왼손으로 오른손 맞잡아 비비며
따뜻하게 살자던 그 말의 온기를 생각한다
그대가 몇 달씩 얼고 갈라져 터지던 땅으로 누웠을 때
벼 그루터기처럼 촘촘히 박혀 뽑히지 않는
단단한 뿌리로 나도 당신 속에 있고 싶었다
누군가 보이지 않는 소리 속으로 가고 있다
울면서 달려가고 있다

인차리 5

인차리를 돌아서 나올 때면
못다 이룬 사랑으로 당신이 내게
슬픔을 남기고 떠나갔듯
나 또한 언젠가 사랑하는 사람들에게
슬픔을 남기고 떠나야 하는 때가 있음을 생각한다
사랑으로 인해 꽝꽝 얼어붙은 강물은
사랑이 아니고는 다시 풀리지 않으리라
오직 한번 사랑한 것만으로도 우리가
영원히 사랑해야 한다는 것은
눈에 보이지 않으나 확실히 살아 있는 것들이
이 세상에 있음을 믿기 때문이다
언젠가 한 번은 꼭 다시 만나야 하는 그날
우리 서로 무릎을 꿇고 낯익은 눈물 닦아주며
기쁨과 서러움으로 조용히 손잡아야 할
그때까지의 우리의 사랑을 생각하는 때문이다

인차리 6

당신 곁을 돌아서자 눈발이 쳤다
처음엔 눈보다 바람이 더 섞여 날리더니
먼 데 산부터 조금씩 지우며 다가와
너와지붕을 감추고 산창의 등불 돋우더니
살아 있는 모든 것을 덮으며 하늘이 내려왔다
당신 앞에 무릎을 꿇을 때마다 패인 자국
풀리는 날에도 녹지 않고 땅에 엉겨 있더니
오늘 밤 내리는 눈에 다시 지워지겠구나
어느 날엔 그것들도 모두 녹아 당신 살 가까이 스미고
무덤 위의 시든 풀들 일으키고
해 가고 달 가고 세월도 수없이 흐르며 가련만
해가 바뀌어도 슬픔은 줄지 않았다

인차리 7

육신을 누이고 밤이면 나의 마음도
몸을 빠져 무수한 곳을 떠다닌다
당신도 그렇게 떠돌다 오는가
내게도 가끔씩 다녀가는가
변함없이 놓여 있는 가구들도 둘러보고
거울 앞에 앉아 빗질도 해보고
방은 따스한가 손도 넣어보는가
아이들 잠자리도 둘러보는가
새도록 함께 걸어도 새벽이 빠르던
버드나무 강둑길 걸어도 보고
젖은 풀 위에 나란히 앉아 듣던
저녁 냇물 소리 들어보기도 하는가
옮겨 다니던 집들의 방문도 건드려보고
빨래를 가지런히 널던 빨랫줄 아래에도 서보는가
거기 서서 옛날처럼 손도 흔들어보는가
나는 오늘도 걸어서 당신 있는 곳까지 다녀왔다
내가 당신에게 오늘 남긴 말들 듣고 있었는가

혼미한 잠 속에 간간이 찾아와선
끝내 아무 말도 하지 않고 머물다 돌아가는 사람아

우산

혼자 걷는 길 위에 비가 내린다
구름이 끼인 만큼 비는 내리리라
당신을 향해 젖으며 가는 나의 길을 생각한다
나도 당신을 사랑한 만큼
시를 쓰게 되리라
당신으로 인해 사랑을 얻었고
당신으로 인해 삶을 잃었으나
영원한 사랑만이
우리들의 영원한 삶을
되찾게 할 것이다
혼자 가는 길 위에 비가 내리나
나는 외롭지 않고
다만 젖어 있을 뿐이다
이렇게 먼 거리에 서 있어도
나는 당신을 가리는 우산이고 싶다
언제나 하나의 우산 속에 있고 싶다

봄은 오는데

휠체어에 실려서 잠깐만이라도
꼭 한번 바깥세상을 보고 싶노라고
그렇게 당신이 마지막 보고 간
이 세상 거리에도
다시 봄이 오고 있네
내 영혼 깊은 상처로 박혀 있는
당신을 기억하며 살다
나 또한 그 상처와 함께 세상을 뜨고 나면
이 세상엔 우리들의 사랑도 흔적 없이 지워져
다시 눈 내리고 바람만이 불겠지
봄 오고 언 땅이 풀리면 새들만 돌아오겠지
당신이 마지막 보고 간
짧은 이 세상 거리에 흔들리며 남아
이 봄은 또 어떻게 살까 생각하듯
사람들 중에 몇몇도 또 그렇게 있다가 가겠지

사랑방 아주머니

죽으믄 잊혀지까 안 잊혀지는겨
남덜이사 허기 좋은 말로
날이 가고 달이 가믄 잊혀진다 허지만
슬플 때는 슬픈 대로 기쁠 때는 기쁜 대로
생각나는겨
살믄서야 잘 살았던 못 살았던
새끼 낳고 살던 첫 사람인디
그게 그리 쉽게 잊혀지는감
나도 서른둘에 혼자 되야서
오 남매 키우느라 안 해본 일읎서
세상은 달라져서 이전처럼
정절을 쳐주는 사람도 읎지만
바라는 게 있어서 이십 년 홀로 산 건 아녀
남이사 속맴을 어찌 다 알겠는가
내색하지 않고 그냥 사는겨
암 쓸쓸하지 사는 게 본래 조금은 쓸쓸한 일인겨
그래도 어쩌겄는가 새끼들 땜시도 살어야지

남들헌티사 잊은 듯 씻은 듯 그렇게 허고

그냥 사는겨

죽으믄 잊혀지까 안 잊혀지는겨

쑥국새

빗속에서 쑥국새가 운다
한 개의 별이 되어
창밖을 서성이던
당신의 모습도
오늘은 보이지 않는다
이렇게 비가 내리는 밤이면
당신의 영혼은
또 어디서 비를 맞고 있는가

씀바귀 무덤

산새 들새 울고 넘는 고개 아래 냉이꽃 피고
당신의 무덤 위엔 씀바귀 먼저 솟네
앞산 뒷산 진달래 속살처럼 고운데
당신의 무덤 위엔 쑥잎 한 폭 솟아나네
살구꽃 복사꽃 눈물처럼 피어 번져도
한 번 간 당신은 영영 오지 아니하고
봄 하늘 빈 노을 혼자 곱다 사위는 동안
쓰디쓴 것들만 소복소복 피워 올리네

감꽃

하늬바람에 감꽃이 노랗게 집니다
떨어진 감꽃을 모아 아이와 소꿉놀이를 합니다
감잎으로 부채를 부치며 아이는 좋아라 합니다
감꼭지도 주워와 돌 위에 쌓으며
하나에서 열까지 세어봅니다
가끔씩 바람이 몰려가다 감잎에 걸리면
머리 위에서 왁자지껄 감잎이 떠들고
슬픔을 가리듯 감잎으로 하늘을 가리고
혼자 울던 제 울음소리를 아이는 조금씩 잊습니다
하늬바람에 감꽃이 노랗게 집니다

세월

여름 오면 겨울 잊고 가을 오면 여름 잊듯
그렇게 살라 한다
정녕 이토록 잊을 수 없는데
씨앗 들면 꽃 지던 일 생각지 아니하듯
살면서 조금씩 잊는 것이라 한다
여름 오면 기다리던 꽃 꼭 다시 핀다는 믿음을
구름은 자꾸 손 내저으며 그만두라 한다
산다는 것은 조금씩 잊는 것이라 한다
하루 한낮 개울가 돌처럼 부대끼다 돌아오는 길
흔들리는 망초꽃 내 앞을 막아서며
잊었다 흔들리다 그렇게 살라 한다
흔들리다 잊었다 그렇게 살라 한다

천둥소리

삼백예순 날을 착하게 살고 싶었어요
손 닿는 곳 풀뿌리마다 살을 나누어주며
거울처럼 맑은 하늘빛 안고
나도 강물로 흐르고 싶었어요
그러나 지금 내 몸은 천둥소리
어두운 구름 위를 가로지르며 홀로 깊어가는 천둥소리

다시는 죄 없이만 살아갈 수 있다면
고요히 저무는 이 세상 그림자를 안고
나도 푸른 나무로 살아가고 싶었어요
그러나 지금 내 몸은 천둥소리
다독일 수 없는 울울한 마음으로
온 하늘 두드리며 가는 소리

내 몸은 왜 일찍이
이 땅의 작고 든든한 들풀 위에 내리는
이슬일 수 없었을까요

기어코 이 세상 썩고 더러운 것들의 목덜미 움켜잡고
세차게 세차게 여울로 궁글러 가야 할
장대처럼 쏟아져버려야 할
빗줄기가 되어야 할까요

내 몸은 지금 천둥소리
검푸른 하늘빛으로 땅에 내리는 노여움의 소리

당신과 나의 나무 한 그루

노래가 끝나자 바람 소리가 크게 오네요
열어둔 창으로 쏴아쏴아 밀려오는 바람처럼
당신의 사랑은 끊임없이 제게 오네요
가늠할 수 없는 먼 거리에 있어도
나뭇잎 하나를 사이에 두고 서로 흔들리며
아주 가까이 당신의 사랑은 제게 와 있어요
어떤 날은 당신이 빗줄기로 나뭇잎을 하루 종일 적시기도 하고
어떤 날은 거센 바람으로 이파리들을 꺾어 날리기도 하지만
그런 날 진종일 나도 함께 젖으며 있었고
잎을 따라 까마득하게 당신을 찾아 나서다
어두운 땅으로 쓰러져 내리기도 했어요
봄이 또 오고 여름이 가고
잔가지에 푸른 잎들 무성히 늘어
빈 가슴에 뿌릴 박고
당신의 하늘 언저리 더듬으며 자라는 나무 그늘에

오늘도 바람은 여전히 쏴아쏴아 밀려오고
천둥이 치고 마른번개가 높은 나무 끝을 때려도
어둠 속에서 어린 과일들 소리 없이 크는
오래된 나무 한 그루를 사이에 두고
당신과 나의 사랑은 오늘도 이렇게 있어요

구름처럼 만나고 헤어진 많은 사람 중에

구름처럼 만나고 헤어진 많은 사람 중에
당신을 생각합니다
바람처럼 스치고 지나간 많은 사람 중에
당신을 생각합니다
우리 비록 개울처럼 어우러져 흐르다 뿔뿔이 흩어졌어도
우리 비록 돌처럼 여기저기 버려져 말없이 살고 있어도
흙에서 나서 흙으로 돌아가는 많은 사람 중에
당신을 생각합니다
이 세상 어느 곳에도 없으나 어딘가 꼭 살아 있을
당신을 생각합니다

영원히 사랑한다는 것은

영원히 사랑한다는 것은
조용히 사랑한다는 것입니다
영원히 사랑한다는 것은
자연의 하나처럼 사랑한다는 것입니다
서둘러 고독에서 벗어나려 하지 않고
기다림으로 채워간다는 것입니다
비어 있어야 비로소 가득해지는 사랑
영원히 사랑한다는 것은
평온한 마음으로 아침을 맞는다는 것입니다

사랑하는 사람을 잃는 것은
몸 한쪽이 허물어지는 것과 같아
골짝을 빠지는 산울음소리로
평생을 떠돌고도 싶습니다
그러나 사랑을 흙에 묻고
돌아보는 이 땅 위에
그림자 하나 남지 않고 말았을 때

바람 한 줄기로 깨닫는 것이 있습니다

이 세상 사는 동안 모두 크고 작은 사랑의 아픔으로
절망하고 뉘우치고 원망하고 돌아서지만
사랑은 다시 믿음 다시 참음 다시 기다림
다시 비워두는 마음으로
하나가 되어야 한다는 것입니다

사랑으로 찢긴 가슴은
사랑이 아니고는 아물지 않지만
사랑으로 잃은 것들은
사랑이 아니고는 찾아지지 않지만
사랑으로 떠나간 것들은
사랑이 아니고는 다시 돌아오지 않지만

비우지 않고 어떻게 우리가
큰 사랑의 그 속에 들 수 있습니까

한 개의 희고 깨끗한 그릇으로 비어 있지 않고야
어떻게 거듭거듭 가득 채울 수 있습니까

영원히 사랑한다는 것은
평온한 마음으로 다시 기다린다는 것입니다

제3부

젓하리의 봄

저녁기도

우리가 한쪽 팔을 잃고 고통에 소리칠 때
우리의 마음 절망으로 꺾이지 않게 하소서
우리가 사랑을 잃고 가슴을 찢겨 울 때
우리의 가슴 나약함으로 덮이지 않게 하소서
우리가 두려움과 떨림으로 입술을 깨물 때
자유와 정의를 향한 뜨거움 식어가지 않게 하소서
우리가 가난과 굶주림에 쓰라려 넘어질 때
평등과 평화를 이루려는 믿음 작아지지 않게 하소서
우리의 다른 또 한 팔로 상처를 감싸며
두 무릎이 남았음을 알게 하소서
우리가 외로움 속에서 다시 기다릴 수 있는 것도
오직 사랑하는 마음뿐임을 알게 하소서
우리가 동터오는 새벽의 굳셈을 믿는 것도
어둠이 결코 오래가지 않는 때문임을 알게 하소서
우리가 시린 바람 속에서 손에 손 맞잡는 것이
이 세상을 사랑으로 비추는 길임을 알게 하소서

당신의 부활

당신의 죽음 옆에 나의 구원이 있었다
당신은 빗소리 바람 소리로 늘 살아났다
어떤 때는 한 마리 새가 되어 넘치는 물가를 건너오고
어떤 때는 구름의 모습으로 되살아났다
밤에는 별빛으로 가느다랗게 떠서 살아 오르기도 하고
어떤 때는 길 잃은 고양이 한 마리로 나타나
발치에 앉아 언 볼을 부비기도 했다
당신의 육신은 젖은 땅 낮은 곳에 누워 있지만
당신의 영혼은 수천수만 개의 모습으로 내게 왔다
어느 밤엔 십자가 앞에 모습을 나타내기도 했다
당신은 내 나머지 삶의 속죄양임을 나는 안다
내 나머지 삶의 구원을 위해
이 세상 오직 하나밖에 없는 소중한 것을
던지고 간 것임을 나는 늦게사 안다
울음을 우는 딸아이의 눈동자 속에도 당신은 있고
고통받는 이들의 아픔 속에도 당신은 항상 있었다
쏟아지는 눈발처럼 당신은 무수히 내게 내렸다

이 세상에 영원히 사라지지 않는 것이 있음을
당신은 매일매일 내게 가르치고 있었다

아홉 가지 기도

나는 지금 나의 아픔 때문에 기도합니다
그러나 오직 나의 아픔만으로 기도하지 않게 하소서
나는 지금 나의 절망으로 기도합니다
그러나 오직 나의 절망만으로 기도하지 않게 하소서
나는 지금 깊은 허무에 빠져 기도합니다
그러나 허무 옆에 바로 당신이 계심을 알게 하소서
나는 지금 연약한 눈물을 뿌리며 기도합니다
그러나 진정으로 남을 위해 우는 자 되게 하소서
나는 지금 죄와 허물 때문에 기도합니다
그러나 또다시 죄와 허물로 기도하지 않게 하소서
나는 지금 내 마음의 평화를 위해 기도합니다
그러나 모든 내 이웃의 평화를 위해서도 늘 기도하게 하소서
나는 지금 영원한 안식을 위해 기도합니다
그러나 불행한 모든 영혼을 위해 항상 기도하게 하소서
나는 지금 용서받기 위해 기도합니다
그러나 모든 이들을 더욱 사랑할 수 있는 자 되게 하

소서

   나는 지금 굳셈과 용기를 주십사고 기도합니다

   그러나 그것을 더욱 바르게 행할 수 있는 자 되게 하소서

옥천에 와서

영암산 골이 깊어 바람이 길다
시를 쓰는 것이 죄가 되는 세상에 태어나
몇 편 시에 생애를 걸고 옮겨 딛는 걸음이 무겁다
새해엔 또 어디로 쫓기어 갈 것인가
아직 돌도 안 지난 아이를 노모께 맡기고
겨우 말을 배우기 시작하는 큰애가 문에 서서
빨리 다녀오라고 민들레처럼 손을 흔들 때
자주 오지 못하리란 말일랑 차마 못 하고
손을 마주 흔들다 돌아서며
아내여, 당신을 생각했다
이 싸움은 죽어서도 끝날 수 없는 싸움임을 생각했다
세상을 옮겨간 당신까지 다시 돌아와
아이들을 지켜주어야 하는 싸움임을 생각했다
슬픔보다는 비장함이어야 한다
이 땅 어느 그늘 들풀 크는 곳이면 내 못 갈 곳 없지만
에미 잃고 애비와도 떨어져 살아야 하는 아이들을
당신께라도 다시 보살펴달라고 하늘을 올려다보는

마음이 미어짐을 당신도 헤아리고 있을 것이다
우리는 모두 함께 이 길을 가야 한다
봄이면 할미꽃 제비꽃 다시 피는 이 나라
죽음도 삶도 모두 한세상 이루어
우리도 무성히 되살아나며 이 길을 가야 한다

적하리의 봄

님이여 당신은 아프게 아프게 제게 오십니다
이 땅에 한 포기 풀로 저를 있게 하시고
모진 바람으로 제 소중한 모든 것들 거두어 가신 뒤에
깊고 긴 어둠으로 오랜 날 덮어두셨다가
언 가슴 안고 울부짖는 소리도 모른 채 두셨다가
풀리는 햇살로 천천히 제게 오십니다
제 살아온 반생의 언덕을 제 손으로 갈아엎게 하시고
잘못 디딘 발자국도 제 손으로 지우게 하시고
굵게 굵게 흘리는 눈물 발등에 넘칠 때
빗줄기를 먼저 보내 조용히 씻게 하시고야
보리밭 위로 조금씩 햇살 던지시며 제게 오십니다
님이여 당신은 먼 밤의 끝으로 이어오는 새벽처럼 오십니다

님이여 당신은 제가 이 땅의 어느 외진 구석에 풀잎으로 있어도
저를 가득 담아두시는 아침 하늘로 오십니다
겨울 산골짝을 고적히 달려간 밤기차의 기적처럼

제 가슴을 크게 울리고

오래도록 남아 있는 푸른 핏줄의 맥박으로 오십니다

쓰라림과 외로움 견디노라 갈라져 터진 껍질 벗겨

맑은 속가지 드러나게 한 뒤

해묵은 슬픔과 함께 태우고 계시는

아아로운 포도밭의 불길로 오십니다

님이여 당신은 멀고 긴 길을 돌아 제게 오십니다

님이여 당신은 제 옆의 늘푸른나무들을 먼저 흔들어보시고

저를 가만히 흔들며 당신 가까이로 오라 하십니다

좀 더 가까이 오라 하십니다

묵도

여기 불우하게 태어나 가난하게 살다
민들레만 한 작은 꿈 하나 이루지 못하고 간
제 사랑하는 사람이 누워 있습니다
그는 이 세상 사는 동안 당신을 가쁘게 부르진 않았지만
아픔도 남루함도 소리 나지 않도록 소중히 싸안은 채
착하게 살려 했습니다
이 세상에 해야 할 많은 일을 남겨두고
당신이 부르실 때 응답하며 갔습니다
그를 데려가심으로 제가 받은 눅눅한 슬픔보다
이루고 싶던 소박한 삶과 많은 날들을 두고
황망히 달려가야 했던 찢어질 듯한 가슴을 더 생각합니다
저는 지금 제 사랑하는 사람을 급히 데려가야만 하는
당신의 깊은 뜻을 헤아려 생각합니다
가장 사랑하는 사람을 제 앞의 작은 십자가에 매달고
제가 바라보고 있어야 하는 그 뜻을 생각합니다
 당신이 하시는 크고 놀라운 일들 중에 그 어느 것과 잇닿아

지금 사랑하는 사람을 번제물로 드려야 하는지를 생각합니다
당신은 지금 제가 흘리는 눈물을 조용히 바라보고 계십니다
제가 흘리는 눈물이 어디쯤서 그칠 것인지도 알고 계십니다
이 한 알 한 알의 눈물들로 제 속살을 정결히 씻고
어디서부터 멈추어 선 걸음을 다시 떼어가야 하는지도 알고 계십니다
크나큰 아픔 속에 저를 남겨두시고
먼 거리에서 내려보고 계시지만
제가 당신의 뜻 안에 있음을 당신은 알고 계십니다
다시 봄이 오고 싸리꽃이 지천으로 피고
장다리꽃밭 밑으로 보리이삭이 팹니다
타오르는 봄날 저를 이 땅의 물로 있게 하시면
목마른 이들의 가슴으로 흐르겠습니다
어두운 땅 작은 불씨로 살아 있게 하시면

당신의 입김으로 활활 타오르며 남은 목숨에 태우겠습니다
한 포기 들풀로 저를 그늘진 땅에 꽂아두시면
매일매일 당신의 하늘을 품 안에 품으며 있겠습니다
오늘도 벽이 트이지 않는 저 거리에 한 덩이 돌로 버려두시면
뜨거운 손바닥으로 저를 찾는 이의 손 안에 들겠습니다
당신께서는 저 빗줄기가 언제 그치고
어느 때 꽃 지고 여름 열어야 하는지 헤아리고 계십니다
제가 이 슬픔 속에서
무엇을 더 깨달아야 하는지 물속을 보듯 환하니 알고 계십니다
이제 한 번 죽음으로 다시는 죽지 않고 영원히 살며
이별의 큰 고통보다는 다시 만날 일 하나만을 늘 새로이 생각합니다
제가 어떻게 당신의 뜻 안에 죽을 수 있어야 하는지를 생각합니다

유산

 죽음을 만나고서야 삶의 그 깊은 의미를 조금씩 깨닫습니다 당신은 끝내 이 세상의 아무것도 소유하지 않고 갔습니다 눈에 보이지 않는 것들 중에 영원한 삶의 보배가 참으로 많음을 당신은 말합니다 모든 것을 버리러 시인은 이 세상에 왔다는 그 말의 뜻도 비로소 알게 합니다

감잎

 애비의 마르고 딱딱한 등 위에 얼굴을 묻고 잠이 들다 감잎 떨어지는 소리에 딸아이는 잠을 깨고 감잎이 떨어져 내리는 동안의 아주 짧은 이승과 저승 사이 깨어 울며 보채다 깨어 있는 동안의 의미를 아는 듯 모르는 듯 바람 소리 속에 딸아이는 잠이 들고 올려다보는 하늘과 내려다보는 땅 사이 숨 한번 쉬는 동안의 이 짧은 이승과 저승 사이

봉숭아

우리가 저문 여름 뜨락에
엷은 꽃잎으로 만났다가
네가 내 살 속에 내가 네 꽃잎 속에
서로 붉게 몸을 섞었다는 이유만으로
열에 열 손가락 핏물이 들어
네가 만지고 간 가슴마다
열에 열 손가락 핏물자국이 박혀
사랑아 너는 이리 오래 지워지지 않는 것이냐
그리움도 손끝마다 핏물이 배어
사랑아 너는 아리고 아린 상처로 남아 있는 것이냐

가을 저녁

기러기 두 마리 날아가는 하늘 아래

들국화는 서리서리 감고 안고 피었는데

사랑은 아직도 우리에게 아픔이구나

바람만 머리채에 붐비는 가을 저녁

저 가을 구름 바람 위로

저 가을 구름 바람 위로 별 하나 뜨고
저 가을 구름 바람 위로 별 하나 잠드네
아픈 금 몇 개를 가슴에 긋고는
꿈처럼 흔적 없이 잠기는 세월
오늘 밤 몸과 맘은 바람보다 가벼워져
저 가을 구름 바람 너머
홀로 떠난 당신을 만날 듯도 싶네
오늘 밤 몸과 맘은 바람보다 가벼워져

시월비

메밀꽃 지는 고개를 넘어오며 당신을 생각했지 감잎이 바람에 끌리는 소릴 들으며 당신을 생각했지 차가워오는 시간 속으로 끌리어 나와 홀로 새는 방 안에 어제는 쥐들이 새끼를 치고 가는 비 굵게 스며 천장을 적시었지

올해는 시월까지 장맛비 길어 당신을 누이고 다져 밟은 발소리 아래로 빗줄기 오래오래 지나갔으리 머리맡에 따라와 우는 벌레 소리 달 없는 밤에도 깊이깊이 땅끝을 두드렸으리

얼마나 많은 바람과 비에 씻긴 뒤에야 흙 속에서도 고요히 이승 저승 넘나들고 바람 속에서도 너울너울 다시 만날 수 있는 걸까 어느 하늘 어느 구름 아래 다시 만날 수 있는 걸까

당신이 떠난 뒤로는

당신이 떠난 뒤로는
빗줄기도 당신으로 인해 내게 내리고
밤별도 당신으로 인해 머리 위를 떠 흐르고
풀벌레도 당신으로 인해 내게 와 울었다

당신 때문에 여름꽃이 한없이 발끝에 지고
당신 때문에 산맥들도 강물 곁에 쓰러져 눕고
당신 때문에 가을 빗발이 눈자위에 젖고
당신 때문에 눈발이 치고 겨울이 왔다

살아 있는 사람들은 모두 남은 자의 편이 되어
떠나는 것이다 떠나야 한다 속살대지만
나 하나는 당신 편에 오래오래 있고 싶었다

이 세상 많은 이를 남기고 당신 홀로 떠난 뒤론
새 한 마리 내게는 예사로이 날지 않고
구름 한 덩이 예사로이 하늘 질러가지 않고

바람 한 줄기 내게는 그냥 오지 않았다

사랑의 길

나는 처음 당신의 말을 사랑하였지
당신의 물빛 웃음을 사랑하였고
당신의 아름다움을 사랑하였지
당신을 기다리고 섰으면
강 끝에서 나뭇잎 냄새가 밀려오고
바람이 조금만 빨리 와도
내 몸은 나뭇잎 소리를 내며 떨렸었지
몇 차례 겨울이 오고 가을이 가는 동안
우리도 남들처럼 아이들이 크고 여름 숲은 깊었는데
뜻밖에 어둡고 큰 강물 밀리어 넘쳐
다가갈 수 없는 큰물 너머로
영영 갈라져버린 뒤론
당신으로 인한 가슴 아픔과 쓰라림을 사랑하였지
눈물 한 방울까지 사랑하였지
우리 서로 나누어 가져야 할 깊은 고통도 사랑하였고
당신으로 인한 비어 있음과
길고도 오랠 가시밭길도 사랑하게 되었지

그대 떠난 빈자리에

그대 떠난 빈자리에
슬프고도 아름다운 꽃 한 송이 피리라
천둥과 비 오는 소리 다 지나고도
이렇게 젖어 있는 마음 위로
눈부시게 환한 모시 저고리 차려입고
희디흰 구름처럼 오리라
가을 겨울 다 가고 여름이 오면
접시꽃 한 송이 하얗게 머리에 꽂고
웃으며 웃으며 내게 오리라
그대 떠난 빈자리
절망의 무거운 발자국 수없이 지나가고
막막하던 납빛 하늘 위로
사랑한다는 것은 영원하다는 걸음으로
꽃모자를 흔들며
기다리던 당신은 오리라
우리에게 새롭게 주신 생명 다하는 그날까지
우리 서로 살아 있다 믿으며

살아 있는 것도 기다리는 것도
그래서 영원하다 믿으며
그대 떠난 빈자리
그토록 오래 고인 빗물 위로
파아란 하늘은 다시 떠오르리라

달맞이꽃

쥐똥나무 줄지어 늘어선 길을 따라
이제 저는 다시 세상으로 나갑니다
달맞이꽃 하염없이 비에 젖는 고갤 넘다
저녁이면 당신의 머리맡에 울뚝울뚝
노오란 그리움으로 피던 그 꽃을 생각했습니다
슬픔 많은 이 세상 당신으로 해서
참 많이도 아프고 무던히도 쏟아내던
그리움에 삼백예순 날 젖으며도 지냈습니다
오늘 이렇게 비 젖어 걷는 길가에
고랑을 이루며 따라오는 저 물소리가
가슴 아픈 속사연을 품어 싣고
굽이굽이 세상 한복판을 돌아
크고 넓은 어느 곳으로 가는지를 지켜봅니다
당신이 마지막 눈 한쪽을 빼서라도
보탬이 되고자 하던 이 세상에 내 남아서
어떻게 쓸모 있게 살아가야 하는지를
당신은 철마다 피는 꽃으로 거듭거듭 살아나

보고 또 지켜보리란 생각을 하며
세상으로 이어지는 길고도 먼 길 앞에
이렇게 서서 한 번 더 뒤를 돌아다보고
걸음을 다시 고쳐 딛습니다
잎 지고 찬바람 부는 때는 외롭기도 하겠고
풀벌레 울음소리 별가를 스칠 때면
그리움에 아픔에 새는 밤도 있겠지만
이 세상 모든 이들도 다 그만한 아픔 하나씩
가슴에 품고 사는 줄을 아는 까닭에
가장 가까운 곳에서 가장 멀리 가는 바람 속에
당신의 고운 입김 있으려니 생각하고
가장 먼 곳에서 가장 가까이 내리는 빗발 속에
당신의 뜨거운 눈물도 섞였으려니 여기며
저는 다시 이 세상으로 통하는 길을 걸어 내려갑니다
아픔 많은 이 세상 자갈길에 무릎을 깨기도 하고
괴롬 많은 이 세상 뼈를 꺾이기도 하겠지만
보이지 않는 마음이야 누구에겐들 앗기우겠습니까

홀로 가는 이 길 위에

아침이면 새로운 하늘 한낮의 구름

달이 뜨고 별이 뜨는 매일매일 그런 밤 있으니

이 세상 다하는 날까지 달맞이꽃 지천으로 피듯

우리들 사랑도 그런 어느 낮은 골짝에 피어 있겠지요

우리들 사랑도 그런 어느 그늘에 만나며 있겠지요

하나의 과일이 익을 때까지

하나의 과일이 익을 때까지
우리는 오랜 날 당신을 기다립니다
빗줄기가 우리의 온몸을 흔드는 밤이면
우리는 그 빗발이 다할 때까지
당신을 생각하며 비를 맞습니다
소소리바람이 몇 달을 두고
우리의 가지를 꺾으려 할 때
우리는 그 바람 속에서
바람이 다하는 날 새로이 오실
당신의 모습을 생각하며
바람 앞에 온몸을 세워놓습니다
때로 우리의 살을 깎는 것들이 끝없이 달려오고
때로 우리가 한없이 버림받으며 있어도
하나의 과일이 익을 때까지
우리는 오랜 날 당신으로 이겨냅니다
어둡고 지리한 구름이 끝없이 머리를 덮고
뜨거운 화살들 껍질마다 꽂히고

새벽이 가장 가까워오는 시간마다
몸서리치며 빼앗겨야 하는 내 몸속의
얼마 남지 않은 따스함마저 잃었을 때도
우리는 다 비우고 난 뒤의 넉넉함으로
다시 당신을 기다립니다
하나의 과일이 익을 때까지
우리는 오랜 날 당신을 기다립니다

접시꽃 꽃씨를 묻으며

모든 것이 떠나고 돌아오지 않는 들판에
사랑하는 사람이여, 나는 이 꽃씨를 묻습니다
이 들녘 곱디고운 흙을 손으로 파서
그 속에 꽃씨 하나를 묻는 일이
허공에 구름을 심는 일처럼 덧없을지라도
그것은 하나의 약속입니다
은가락지같이 동그란 이 꽃씨를 풀어 묻으며
내가 당신의 순하던 손에 끼워주었고
그것을 몰래 빼서 학비를 삼아주던
당신의 말없는 마음처럼
당신에게로 다시 돌려주는 내 마음의 전부입니다
늦은 우리의 사랑처럼 저문 들판에
접시꽃 꽃씨를 묻으며
잊혀지는 세월 지워지는 추억 속에서도
꼭 하나 이 땅에 남아 있을 꽃 한 송이 생각합니다

제 4 부

마
눈
밭
에
서

마늘밭에서

마늘밭에 바람이 소리 없이 분다
민들레 꽃씨가 들을 건너다 가볍게 떨어지고
뚝사초도 함께 흔들린다
쓰러지고 쓰러지며 마늘잎은 소리가 없다
맵고 단단한 것 하나씩 키우기 위해
왕겨 지푸라기 두엄덩이와 함께 썩으며
어둡고 쓰리던 시절 다 보낸 뒤에도
마늘잎은 바람에 몸을 휘이며
아우성치는 법이 없다
뜨겁지 않은 봄볕 속에서
잎 끝 노랗게 태우며 살아도
소리침 하나 없이 마늘잎은 쓰러지고 일어선다
마늘밭 위로 바람이 분다
흙 묻은 머리칼 귀밑머리께로 쓸린다

장다리꽃

사월이 가고 오월이 올 때
장다리꽃은 가장 짙다
남녘으로 떠돌며
사무치게 사람들이 그리울 때면
장다리꽃 껴안았다
벼룻길로 바람은 질러오고
고개 이쪽에 몇 개의 큰 이별
아리랑 아리랑 아라리요 노래를 남기고
손사래 치던 손사래 치던 장다리꽃
비를 맞으며 장다리꽃 고개를 넘다
비를 맞으며 손바닥에 시를 적었다
남은 세월 젖으며 살아도
이 길의 끝까지 가리라고 적었다
등줄기를 찌르는 고드래 같은 빗줄기
사월이 가고 오월이 올 때
장다리꽃은 가장 짙다

눈을 쓸면서

당신을 다시 만나고 싶습니다
내 아직 어려서 눈물이 많고
오직 한 가지만을 애터지게 사랑하여
내 일상의 뜨락에 가득가득 눈들이 쌓일 때
당신은 젖은 빗자루로 내 앞의 길을 터주고
헐거운 내 열정의 빗장마다
세차게 못 박아주던 망치 소리였습니다
당신의 뜻대로
철철 고여 넘치는 우물이기 전에
그 우물에서 퍼 올린 두레박 가득한 하늘빛이기 전에
썩고 버려진 것들과 함께
낮은 곳으로 낮은 곳으로 섞이어 흘러가자
아린 소금물 첨벙첨벙 허릴 적시며
외진 갯가로 배 밀어가시던
당신을 다시 만나고 싶습니다
눈 내리는 당신의 하늘만 다 못 거둔 아픔이지 않고
눈발처럼 소리도 못 하고 땅속에 스러지는

이 땅에도 아픔은 너무 깊지 않습니까
내 다시 이렇게 눈을 쓸며 당신 앞으로 갈 때
슬픔은 오직 슬픔의 것이라 하시며
손가락 끝으로 쑥새 몇 마리만 가리키시렵니까
당신의 갯가 위로 부는 바람은 이 땅에도 붑니다
당신 앞에 덧없이 지는 이국의 꽃 말고
땅에 떨어져 모진 바람 밑에 썩는 많은 것들은
우리가 거두어야 하지 않습니까
비겁한 무리를 미워하는 우리들 사랑에
희망의 누룩으로 당신은 썩을 수 있고
의롭지 않은 것들과 싸우는 우리 마음속
횃불 타는 기름으로 당신도 고일 수 있습니다
당신이 뼈아프게 찾는 양식을
나 또한 일생을 바쳐 찾습니다
당신은 아직도 허기처럼 내리는 이 눈발로
하늘의 양식을 빚어내고 계시렵니까
녹는 것들이 모여 물줄기 이루어가듯

이 땅에서 서로 뜨겁게 녹으며 사랑하면
짧은 이 삶이 고이어 영원으로 흐르지 않습니까

화랑에서

　선생님, 모래밭이 있는 당신의 화폭을 지나 물방울 모래 한 알 버리지 않고 소중히 걸어가신 당신의 맨발을 만났습니다

　졸업식 날 선생님께서 주신 만든 꽃 세 송이를 한 해가 멀게 옮기는 이삿짐마다 꾸려 넣은 것은 저도 아름다운 화가가 되리라는 소망이어서 먼지 덮이는 삶을 늦도록 뉘우치지 않았습니다

　선생님께 배운 밑그림으론 자화상을 그리기가 가장 좋아 빛과 어둠 목탄으로 새기며 오래도록 여백에 넣을 정지된 풍경을 떠올리곤 했지요

　선생님, 아름다움이 가장 숨길 수 없는 눈길에서 만나지고 봄풀처럼 형체로 커 오르는 것이라면 인간들은 무슨 뜻으로 제 살던 벽에 들소를 그렸을까요

과일 몇 개가 얹힌 탁자 모서리나 꼼짝 않고 하늘 받치고 선 나무들과 식물원, 조각조각 끝없이 황금분할하는 햇빛으로 하나 가득 채워가라 하시며 당신께선 한 번도 살아 움직이는 사람을 그리라 하지 않으셨습니다

  선생님, 삶은 추상화일 수 없고 어느 아름다움도 사람의 일과 떨어져 있는 것은 없습니다 외곬으로 떨어지는 물방울은 아름답습니다 그러나 살아 있는 삶의 방울일 때 더 아름답지 않습니까

  십오 년 가까이 못 뵈온 선생님을 오늘 화랑에서 그림으로만 뵈옵고 물러갑니다

수몰민 김시천

물푸레나무 베어 도끼자루 만들었네
높은 산 소나무 찍어 노를 만들고
버려진 송판으로 거룻배 한 척 만들었네
아내와 함께 아침 강에 배 저어 나가
떠오르는 것들 건져왔지
돌절구, 연자매, 맷돌은 가라앉아 아니 뜨고
무거운 슬픔들도 영영 가라앉아 아니 뜨고
크고 작은 이별도 떠오르지 않았지
까맣게 올려다보던 은행나무 위로
화치는 배를 밀어 나가며
다시는 피지 않을 산수유꽃 생각했네
어떤 날은 디딜방아를 건져오고
어떤 날은 구유도 건져오고
간혹 지게가 물살에 밀려오는 날도 있었지
물 한 모금 솟지 않는 산마루엘망정
아내와 함께 울 없는 집을 짓기로 했네
흘러내리는 돌들 모아 마당에 깔고

불 없는 밤은 서로 안고 견디었네
이곳에 다시 남으리
한 많은 이 땅의 터앝에 마늘 놓고 씨 뿌리고
끝끝내 떠나지 않는 사람들과 다시 남으리

너의 피리

각고개 아래서 네가 피리를 불면
강이 우는 소리가 들린다
백오십 척 물 밑에 가라앉은
제원군 청풍면 물태리
떠나가던 사람들 두고 간 소리
쫓겨 올라온 사람들 다 못 건져온 소리들이
비봉산 허리를 감으며
시퍼렇게 독 오른 바람 되어 솟아올라
강물 위를 우우우 몰려다니는 소리가 들린다
옮겨 지은 고가마다 사람 잃은 부엌문 삐걱대는데
추녀 밑 시래기다발 강바람에 흔들리고
뒤안의 마른 댓잎 서로 살 베이며 지르는 소리
둥구미 다래끼 나무쇠스랑 기대 누운 댓돌 위에
저녁놀 소리 없이 젖으며 내리는데
하루해 멀다 하고 떠나가는 산골학교
어찌하여 너는 떠나지 않는지
어찌하여 너는 떠나지 않아야 하는지

말하지 않는 네 속가슴 고인 소리들 들려온다

어떤 연인들

동랑역까지 오는 동안 굴은 길었다
남자는 하나 남은 자리에 여자를 앉히고
의자 팔걸이에 몸을 꼬느어 앉아 있었다
여자는 책갈피를 한 장 한 장 넘기고
남자는 어깨를 기울여 그것들을 읽고 있었다
스물 여섯 일곱쯤 되었을까
남자의 뽀얀 의수가 느리게 흔들리고
손가락 몇 개가 달아나고 없는 다른 손등으로
불꽃 자국 별처럼 깔린 얼굴 위
안경테를 추스르고 있었다
뭉그러진 남자의 가운뎃손가락에 오래도록 꽂히는
낯선 내 시선을 끊으며
여자의 고운 손이 남자의 손을 말없이 감싸 덮었다
굴을 벗어난 차창 밖으로 풀리는 강물이 소리치며 쫓아
오고
열차는 목행을 향해 달려가고 있었다
여자의 머리칼을 쓰다듬는 남자의 손가락 두 개

여자는 남자의 허리에 머릴 기대어 있었고
 남자의 푸른 심줄이 강물처럼 살아서 흘러내리고 있었다

씀바귀

한겨울 들에 나가 씀바귀를 만나보라
바람이 풀을 가장 낮게 땅에 누이고 지나간 뒤
아침이면 싸락눈 덮이어 녹던 눈 다시 얼고
나무들도 그저 어쩌지 못한 채
몸을 비울 대로 비워둔 한겨울 들에는
제 잎의 온기 모두 뽑아 뿌리에 주고
겨우내 흙빛으로 삭아가며 뿌릴 덮고
성글게 누운 그 밑에
푸르게 찔러둔 비수 같은 씀바귀 속잎
온 들에 서늘히 깔려 있으리라
켜로 쌓인 눈얼음 녹여 목 축이고 뿌릴 닦고
단 한 번 신호로도 온 들 뒤덮을
실뿌리들 몸 트는 소리 귀 가득 들리리라
누가 먼발치서 이 땅을 죽음이라 하는가
누가 바람 없는 곳 찾아 길 걸으며
그저 겨울이라 하는가, 냉혹함이라 하는가
한 개의 돌이 되어 꽝꽝 얼어붙은 강가의

얼음 향해 잰걸음으로 달려가
한 주먹의 힘만 한 구멍밖에 내지 못한 채
쓸쓸한 비명 소리 함께 어둔 강바닥으로 잠겨간
그 시리던 시절의 돌팔매
봄이 오는 어느 날 바로 그 돌팔매 흔적으로부터
얼음장 꺼져갈 것임을 잊지 말자며
차가운 악수로 잡던 손들의 사랑처럼
한 포기 씀바귀 곱게 닦이운 뿌리 밑에서부터
이 나라 천지의 들은 녹으리라
새로운 햇볕과 물소리로 낡은 세상 바꾼 뒤에야
풀들이 늦게 눈 뜨고 들에 나는 것이라면
누가 이곳을 들이라 하랴
바람이 거칠게 살 깎아올수록
바람에 속날 갈며 깊은 곳에 뿌릴 박는 것은
이 들이 풀들의 것임으로 해서이다
눈보라에 턱없이 쓰러진 벌판에 서서
우리가 이곳을 들이라 부르는 것은

얼어 있는 모든 곳 지키고 선 튼튼한 파수병 같은
뿌리의 꿈틀거림 때문이다
한겨울 들에 나가 씀바귀를 만나보라
누가 풀들을 나고 죽는다 말하는가
누가 이 들을 죽음이라 쓸쓸함이라 하는가

다시 부르는 기전사가*

그대들 지금도 날 기억하는가
장백산 사십 척 골짝에 누워
어랑촌, 백운평 원시림 속 떠돌며
압록강 얼음 위에 은빛 달 뜰 때마다
끓어오르는 울음 살 아린 바람더미로
되살아나고 되살아나는 내 핏발 선 목청
그대들 지금도 기억하고 있는가
시월 삭풍에 우우우 북간도의 겨울은 몰려오는데
야영화 달군 돌 위에 옥수수가루 콩가루
짓이겨 지짐하여 허기를 채우고
키 넘는 활엽으로 등 녹이고 가슴 덮으며
사흘 낮 사흘 밤을 꼬박 새워 싸우며
우리는 한 발짝도 물러설 수 없었지
총대에 내 몸을 칭칭 감아 동여매고
장고봉 넘어 치내려온 관동군, 만철수비대
수백여 구의 뼛속에 박힌 분노가 되어
영영 돌아오지 않고 지금도 썩어 있는

아, 나는 북로 군정서 소년병 최인걸
자랑스런 대한독립군의 기관총 사수였다
지금도 나는 꼭 한 번만 더 살아나고 싶구나
언제고 한 번만 더 살아 일어나서
하나 남은 기관총에 다시 허리를 묶고
끊임없이 이 땅에 밀려오는 저 적들의 가운데로
방아쇠를 당기며 달려가고 싶구나
밀림 속에 숨어 아직도 돌격 소리 그치지 않는
저 새로운 음모의 한복판을 향해
빗발치는 탄알 소리로 쏟아지고 싶구나
늦가을달 높이 뜬 삼천리 반도를 오가며
그때 부르던 기전사가 다시 부르고 싶구나

---

* 祈戰死歌. 청산리전투 당시 독립군이 부르던 군가.

행주치마

이 앞치마에 저희들 피 묻은 돌을 담습니다
여인네도 돌싸움을 하느냐 말하지 마세요
여인들도 나라를 위해
참말로 돌을 던지느냐 되묻지 마세요
덕양산 돌들을 모두 이 앞치마에 담겠어요
먹장구름 날리며 몰려드는 적들에게
지금은 이 돌밖에 던질 것이 없네요
성문을 밀며 미친 듯 포성은 날아오는데
파묻힌 돌 헤집으며 벗겨지는 엄지 검지
이 땅을 위해서라면 저희도 아까울 게 없어요
무명치마 흰 폭마다 핏물이 든다 해도
열 손톱 모두 벗기우며 돌을 파 모으겠어요
돌이 다하면 활활 타는 가슴속 불덩이
화살 끝마다 달아 성 밖으로 날려주세요
저 육중한 무기와 조총을 든 저들에게
저희는 이것밖에 던질 것이 없어요
저희는 이렇게밖에 이 땅을 지킬 일이 없어요

앉은뱅이 민들레

나 죽은 뒤
이 나라 땅이 식민의 너울을 벗었거든
내 무덤가에 와서 놀아라
새 떼처럼 하얗게 아이들 데리고 와
웃으며 손뼉 치며 놀아라
나 죽은 뒤
아직도 이 나라 땅이
식민의 너울로 그늘져 흐리거든
내 무덤가에는 오지 말아라
돌아가 피 흘리며 싸워라
나 죽은 뒤
아무 곳에나 잘 자라는 앉은뱅이 민들레로 돋아
타는 마음으로 이 땅을 지켜보다
꽃 다하면 풀씨로 산천 떠돌며 보리라
너희와 너희의 아이들이 진달래처럼
환하게 살고
살아 지켜야 할 이 땅에서

너희가 어떻게 살고 있는가 보리라

서리아침

동생아, 오늘 아침엔 잔서리가 내렸구나
네 작은 몸을 치떨게 하는 것이
일찍 온 겨울 추위나 서릿발이 아님은 알지만
단단히 여미 입을 옷조차 없는 갇혀 있는 네게
이번 달엔 영치금도 넣어주지 못해
그게 자꾸 맘에 걸리는구나
네 몫으로 꼬깃꼬깃 여미었던 것들을 풀어
홑옷으로 이른 추위에 떠는 아이들 옷 몇 벌 사주었
구나
찬물에 손 넣기도 주저거려지는 이 시린 아침에
맨살로 다니는 아이들이 있어 신을 것을 사주었구나
고개를 비틀리고 입을 틀어막히며 끌려가는
이 시대의 목소리로 너희가 살아 있는 것도
네가 갇혀 있는 그 안쪽을 위해서가 아니라
바깥세상을 위해서임을 알기 때문에
바깥세상의 평화와 따뜻함 위해서임을 알기 때문에
서리 내리는 초겨울 아침 네가 조금 더 견뎌야겠구나

오늘이 공판날인 걸 알면서도 지금 네가 갇혀 있는
담벼락길을 지나 출근을 한다
몇 개 남지 않은 느티나무 잎이 사정없이
가슴을 때리며 떨어지는구나
공판정에도 나가볼 수 없는 형을 용서해라 속으로 빌면서
출근을 한다
네 마음속의 바깥세상 한군데에 서서
내가 무엇을 하고 있을까를 너는 생각할 것이다
동생아, 내가 무엇을 해야 하는가를 너는 생각할 것이다

미리내

밤새도록 쫓기는 꿈을 꾸었다
밤새도록 이제는 싸워야 한다고 소리쳤다
낮에는 미리내를 다녀왔다
낮게 누운 목 잘린 무덤들을 보고 왔다
팔다리를 잃고 온 죽음도 보았고
옳다고 믿는 것 위해 죽었다는 것뿐
이름도 온전한 육신도 남기지 못한
목숨들이 산비탈마다 누워 있는 걸 보았다
나는 나의 모가지를 어찌할 것인가
그늘진 골짜기에 이름 없는 모가지를 떨구고도
그들의 삶은 오히려 타오르는 희망이었는데
우리는 우리의 모가지를 어찌할 것인가
어두운 세월을 은하수처럼 깜빡이며 청산도 흐르는데
언제까지 우리는 우리 앞에 내리 쓴 잔을
바라보고만 있을 것인가
언제까지 우리는 우리에게 오는 푸른 칼날을
피하고만 있을 것인가

우리들도 우리의 고난을 지고 밤마다
피눈물의 저 고개를 넘어야 한다
눈물고개를 넘어온 바람이 미산리 골짝을 쓸고 있다
쫓기지 말고 우리도 바람의 그 앞으로 가야 한다
당당하게 그러나 담담한 걸음으로 그들이 걸어갔듯
우리도 칼날 같은 바람의 그 앞으로 떳떳이 가야 한다

스승의 기도

날려 보내기 위해 새들을 키웁니다
아이들이 저희를 사랑하게 해주십시오
당신께서 저희를 사랑하듯
저희가 아이들을 사랑하듯
아이들이 저희를 사랑하게 해주십시오
저희가 당신께 그러하듯
아이들이 저희를 뜨거운 가슴으로 믿고 따르며
당신께서 저희에게 그러하듯
아이들을 아끼고 소중히 여기며
거짓 없이 가르칠 수 있는 힘을 주십시오
아이들이 있음으로 해서 저희가 있을 수 있듯
저희가 있음으로 해서
아이들이 용기와 희망을 잃지 않게 해주십시오
힘차게 나는 날갯짓을 가르치고
세상을 올곧게 보는 눈을 갖게 하고
이윽고 그들이 하늘 너머 날아가고 난 뒤
오래도록 비어 있는 풍경을 바라보다

그 풍경을 지우고 다시 채우는 일로

평생을 살고 싶습니다

아이들이 서로 사랑할 수 있는 나이가 될 때까지

저희를 사랑하게 해주십시오

저희가 더더욱 아이들을 사랑할 수 있게 해주십시오

돌아온 아이와 함께

지금 당신 앞에 돌아와 무릎 꿇고 올리는
이 아이의 기도를 들어주소서
달도 없는 밤 가을 숲 속에서 몇 밤을 지새고
다섯 번째 도둑질을 하다 들킨 왼손을
오른손의 칼로 내리긋고
피 흘리며 돌아온 이 아이의 한 손에
바르게 가르치지 못한 제 한 손을 포개어
당신께 올리는 우리의 기도를 들어주소서
이 아이가 자라며 원망해온
남루함과 헐벗음 누추함보다
이 아이의 아비가 진흙에 손을 넣고
대대로 빚어온 붉고 고운 항아리들의 의미가
더욱 값진 것임을 깨닫게 하여 주시옵고
이 아이가 자라며 동경해온
풍성함과 사치스러움 비어 있는 반짝거림보다
흙에서 건진 것들로 일용할 그릇을 삼는
저 정직한 옹기들의 넉넉함이

더욱 소중한 것임을 깨닫게 하여 주시옵소서
불가마 옆에서 평생을 살아오는 이들과
그 이웃들의 가난이 어디서 비롯되었는지를
너무도 잘 알고 계시는 당신께
이 아이가 원망해온 것들과 유혹에 빠져온
나날들을 빠짐없이 지켜보고 계셨을 당신께
또다시 죄의 보속을 비옵는 까닭은
그들을 빼앗김과 짓눌림 한스러움에서
더욱 벗어나지 못하도록 옥죄어오는 끈끈한 거미줄이
이 땅의 어느 구석에서 움솟는 것인지
그들에게 바르게 이야기하고 참되게 일깨워
제 손에 칼을 긋던 다른 한 손을 들어
결연히 그 어떤 것을 금 그어가야 하는지를
아직 다 깨우쳐주지 못한 까닭입니다
자신을 속이며 쉽게 쉽게 사는 일보다
흙을 디디고 흙을 만지며 정당하게 노동하는 일이
보람찬 삶임을 뜨겁게 깨닫는 아이가 되도록

바른 삶의 지혜를 불어넣어주시옵고
제게 맡기신 가난한 이 땅의 많은 아들딸들도
어떻게 우리가 바르게 살아야 하며
무엇이 우리를 바르게 살지 못하도록 하는지
우리가 진정 미워해야 할 것들은 무엇인지를
진지하게 생각하는 아이로 이끌어갈 수 있도록
제게 힘을 주시옵고 도와주시옵소서
아흔아홉 번 용서하시고 마지막 한 번을
더 용서하시는 당신 앞에
돌아온 아이와 함께 무릎 꿇고 올리는
우리의 기도를 들어주소서
피 흘리며 돌아온 이 아이의 한 손에
바르게 가르치지 못한 제 한 손을 포개어
당신께 올리는 우리의 기도를 들어주소서

목감기

봄이 오면 자주 목을 앓았다
하루쯤 쉬셔야겠다며 지어주는
가루약을 맹물로 털어 넣고
어지럼증 속에서 수업을 했다
오전 네 시간은 미국 문화와 인디언 멸망을 얘기했고
오후에는 신식민정책을 이기고
우리가 살아남아야 할 게 아니냐고 목울대를 세웠다
여덟 시간의 수업이 끝나고 자리로 돌아왔을 때
목보다 종아리가 더 땡겼다
일곱 시간째는 참말 쉬고 싶었다
쉿소리가 날 때면 몇 번씩 마른기침으로 말을 끊었다
그러나 선생님, 나라에선 왜 가만히 있나요
아이 하나가 물어올 땐
목이 가래서만은 아닌데도 얼버무리고 말았다
창 너머로 부옇게 황사바람이 밀려오고
음악실에선가 합창으로 부르는 아메리카 민요가 들려왔다

김 선생의 분재

연말정리를 하다 교무실 창밖을 바라본다
모과나무 숲 사이에서 놀고 있는 아이들의
해사한 얼굴 위에 겨울 햇살이 매끄럽다
김 선생은 철쭉 한 그루를 화분에 옮겨 심고
가지마다 굵은 철사를 동여매어
꺾이지 않을 만큼 이리 비틀고 저리 틀어
비는 시간마다 분재를 만든다
모두들 모여 서서 잘되었다 잘되었다고 한다
이달이 가면 또 한 해가 저문다
모두들 잘되었다 잘되었다 할 것이다
모과나무 사이에서 쏟아질 듯 웃던 아이들을
급하게 불러들이는 종소리가 울려온다

채마밭에 서서

성호야, 그래 주먹을 쥐거라
눈물일랑 손등으로 썩썩 씻고
이제 그만 슬픔을 거두거라
자식 두고 죽은 놈은 나쁜 놈이라고
어른들은 아버지를 끌어 묻으며 그렇게 말했지만
돌아서서 삽날을 꽂으며
왜 동네 어른들이 하늘을 올려보고 땅을 내려보는지
어디에 대고 어른들은 그렇게 무서운 욕을 해대는지
너도 자라면서 깨닫게 될 것이다
이렇게나 젊은 일손이 모자라는 산골짝에서
끝끝내 살아 지켜야 할 이 땅의 젊은 네 아버지가
파릇파릇 자라오르는 어린모와 삭갈던 논을 팽개쳐두고
아직 거두지 않은 출렁이는 보리밭 바람에 맡겨두고
도토리 같은 어린 너희 형제를 남겨둔 채
어쩌면 그리도 황망히 목숨을 거두어가고 마는지
노랗게 씨가 여무는 채마밭에 서서

성호야, 네 눈물을 마주 바라보고 있을 수가 없구나
우리가 여기서 태어났고 살아가야 할
이 땅의 이 붉은 흙 위에서
땀 흘린 만큼 우리는 웃음을 돌려받지 못하고
정직하게 노동한 만큼 보람이 거두어지지 않는
이렇게 비틀려진 답답한 논두렁길에서
아버지는 농약을 들이마시고 까맣게 살을 태우며 죽어갔지만
성호야 너는 절대로 울면서 이 땅을
떠나지 말아야 한다
팔뚝이 굵어지고 철이 들면은 격투기라도 가르쳐
널 약하게 키우지 않겠다고 늘상 그렇게 말하다가는
그리 몰강스럽게 가고 만 그런 약한 아버지는 되지 말고
삽날같이 가파르게 살아 이겨 이 땅을 지켜야 한다
넘실대는 저 보리밭처럼 가슴 설레는 나이가 되면
먼 도시로나 떠나갈 일부터 생각지 말고
너는 꼭 이곳에 남아 눈물로 씨 뿌린 것들을

기쁨으로 거두는 이 땅의 주인이 되거라
어금니 사려물고 주먹 움켜잡고 네 삶을 지키거라
피땀 흘려 일하고 목청껏 노래하며
네가 씨 뿌린 것들을 지키거라

답장을 쓰며

현숙아, 오랫동안 편지하지 못했구나
답답하고 괴로울 때면 편지를 꺼내
눈물을 지우고 또 지우며 읽는다는 너의 말은
이 밤 나의 가슴을 아리게 때려온다
지치고 쓰러질 것 같을 때면
나도 너희들을 생각한단다
한 손으로 쓰는 기우뚱거리는 글씨가
미안하고 민망스럽다고 했지만
성한 두 손을 다 가지고도
바르고 곧은 글을 쓰지 못하는
선생님은 더없이 부끄러울 뿐이구나
생활과 운명에 맞서 싸우다 쓰러진 사람들을 위해
그들의 잘려나가는 희망과 용기와 미래를 위해
선생님으로 꼭 있어달라는 네 말은
일과를 끝내고 벽오동잎 깔린
언덕길 밟아 내려올 때마다
뻘흙덩이처럼 내 발을 잡는구나

친구들은 추석을 쇠고 다시 공장으로 떠났는데
갇힌 새처럼 조은리에 남아 그은 흙벽 앞에 남아
수수목을 몸서리치게 흔들며 고갤 넘는 열차를
몇 번이고 울타리 너머 넘어다보았을
너를 생각한다
소매 긴 옷 속에 묻어둔 잘린 네 손목을 생각한다
긴 머리에 가리운 네 일그러진 반쪽 얼굴을 생각한다
절망이 뭐냐고 바보같이 죽음이 다 뭐냐고
나는 격하게 너를 나무랐지만
실은 아무도 나누어 가지려 하지 않는
열아홉 네 절망의 아픈 꽃그늘을
선생님이라고 어찌 다 안다 하겠니
오늘도 네 동생 정태를 가르치고 교실문을 나서며
어둠 속에서도 눈을 떠라 가난과 고통이
너희의 끈질긴 핏줄을 시험하고 있다 일어서거라
남겨둔 부피만 큰 목소리를 생각했다
나는 진정 너희들의 온전한 사랑과 꿈으로 살아 있는지

너희들의 따뜻한 화로와 구들장이 되어 있는지
왠지 스산한 바람으로 하늘 끝을 바장일 때가 많구나
그러나, 현숙아 한 손으로 빤 희고 고운 빨래를 봄볕에 널며
젖은 손으로 가리고 바라보아야 하는 눈부신 햇살의 날은
우리가 살아 있는 동안에 꼭 오고야 만다
나는 믿고 있다 남은 네 한 손의 뜻이
꼭 필요하게 쓰이는 날은 반드시 오고야 말 것이다
우리들이 아직도 믿음과 소망을 꺾어버리지 않으므로
우리들이 고통과 아픔 속에 비켜서 있지 않으므로
우리의 생명을 기쁨과 고마움으로 누리는
그날은 반드시 오고야 만다
반드시 오고야 말 것이다

초판 시인의 말

산굽이를 돌아서면 여기 우리들 오늘도 이렇게 살고 있다고 신호나 하듯 집집마다 저녁연기를 하늘로 올리고 별 하나 미리 나와 그것을 내려보다 하늘 한 자락씩 내려보내 올라오는 굴뚝 연기와 서로 만나게 하는 저녁입니다.

개울가의 나무들은 그림자를 물속에 조용히 담그고 집으로 돌아가는 사람들의 웃음소리를 듣습니다.

먼저 돌아온 이들은 하늘에 걸린 별 하나를 보고는 아직 돌아오지 않은 이들을 위해 등불을 내겁니다.

잎을 내린 들국화처럼 머리를 쓸어내리고 식구들을 기다리는 지어미의 모습이 보입니다. 뜨락에 내려 하루의 먼지를 털며 아이들을 불러들이는 지아비의 목소리가 들립니다.

너무도 오래 저문 들판에 서 있었습니다.

차가운 손으로 차가운 얼굴을 문지르며 이제 돌아가야겠다고 생각합니다. 그동안 떨어져 있던 사랑하는 사람들을 생각해봅니다. 이웃의 얼굴이 하나씩 둘씩 별처럼 떠오릅니다. 부끄러움을 잊으려고 시작한 일이 더욱 크게 부끄러움을 불러들인 것은 아닌가 생각합니다.

오랫동안 참 여러 이웃께 미안합니다.

제 개인의 가슴 아픈 넋두리를 이게 무슨 여럿에게 할 소리라고 시집으로 엮는가 하는 생각을 하면 낯이 뜨거워집니다.

어떤 한 사내가 앞서 간 제 아낙에게 한 혼잣말이라고 보아주시고 너그러이 넘겨주시기 바랍니다.

1986년 11월에

도종환